BEI GRIN MACHT SICH IH
WISSEN BEZAHLT

- Wir veröffentlichen Ihre Hausarbeit,
  Bachelor- und Masterarbeit

- Ihr eigenes eBook und Buch -
  weltweit in allen wichtigen Shops

- Verdienen Sie an jedem Verkauf

Jetzt bei www.GRIN.com hochladen
und kostenlos publizieren

Roy Skodowski

X-Means: Ein Algorithmus zur Clusterbildung unter selbstständiger Abschätzung der optimalen Clusteranzahl

GRIN Verlag

Bibliografische Information der Deutschen Nationalbibliothek:

Die Deutsche Bibliothek verzeichnet diese Publikation in der Deutschen National-
bibliografie; detaillierte bibliografische Daten sind im Internet über http://dnb.d-
nb.de/ abrufbar.

Impressum:

Copyright © 2006 GRIN Verlag GmbH
Druck und Bindung: Books on Demand GmbH, Norderstedt Germany
ISBN: 978-3-638-90352-3

Dieses Buch bei GRIN:

http://www.grin.com/de/e-book/73669/x-means-ein-algorithmus-zur-clusterbildung-
unter-selbststaendiger-abschaetzung

Friedrich-Schiller-Universität Jena
Fakultät für Wirtschaftwissenschaften
Lehrstuhl für Wirtschaftsinformatik
Seminar „Data Mining"

Seminararbeit Data Mining

X-Means: Extending K-means with Efficient Estimation of the Number of Cluster

Abgabe: 13.04.2006

Sommersemester 2006

Roy Skodowski
Wirtschaftsinformatik 9. Semester

Inhaltsverzeichnis

Abbildungsverzeichnis

Clustering für die gegebenen Punkte. Hier ist die Summe der Abstände clusterinterner Objekte zu ihren jeweiligen Centroiden minimal.[9]

2.4 Nachteile von k-means

Der k-means Algorithmus galt lange Zeit als Zugpferd für die Cluseranalyse metrischer Daten. Er besitzt jedoch drei grundlegende Nachteile. Erstens ist jede Iteration sehr rechenaufwendig, was den Algorithmus zu langsam macht um große Datenbasen, insbesondere solche wie sie in der realen Umwelt angetroffen werden, echtzeitnah analysieren zu können. Zweitens muss die Anzahl der Klassen vom Benutzer angegeben werden. Drittens werden mit statischer Klassenanzahl schlechtere lokale Optima als mit dynamischer Anzahl der Cluster gefunden. Außerdem hat eine gute bzw. schlechte Wahl der zufällig ausgesuchten Initialcluster einen großen Einfluss sowohl auf Performanz als auch auf Verzerrung der Ergebnisse.[10]

Aufgrund dieser Tatsachen entwickelten Dan Pelleg und Andrew Moore auf Basis von k-means einen schnelleren und qualitativ hochwertigeren Algorithmus, welcher zusätzlich in der Lage ist die Anzahl der Cluster selbstständig zu bestimmen.

3 Die Methode x-means

3.1 Einführung

Aufbauend auf k-means greift der x-means Algorithmus die oben genannten Probleme auf und versucht diese zu umgehen bzw. zu beheben. Dabei wird vom Benutzer im Gegensatz zu k-means nicht die Angabe einer Klassenanzahl k gefordert, sondern lediglich ein Bereich in welchem die optimale Klassenanzahl wahrscheinlich liegen wird.[11] Nun beginnt der Algorithmus mit dem Wert für k, welcher die untere Grenze des angegebenen Bereichs repräsentiert. Anschließend wird k so lange durch Splits[12] vorhandener Centroide erhöht, bis die obere Grenze des Bereichs erreicht wird. Nach

---

[9] Vgl. Ester, Sanders (2000): Knowledge Discovery in Databases, S. 51-54

[10] Vgl. Pelleg, Moore (2000): X-Means: Extending K-means with Efficient Estimation of the Number of Clusters

[11] Dieser könnte jedoch auch als [*1...n*] angegeben werden

[12] Ein Split stellt die Teilung eines Centroiden in mehrere Kinder dar.

jeder Iteration wird eine Bewertung der vorhandenen Konstellation durch die Bewertungskriterien BIC oder AIC[13] vorgenommen. Die Entscheidung ob und welche Centroide aufgespaltet werden wird hier auch auf Grundlage des Bewertungskriteriums BIC getroffen. Anschließend wird das Modell mit der Clusteranzahl k, welche den höchsten BIC-Wert erreicht hat, ausgegeben.[14]

3.2 Variabelenvereinbarung

Im Folgenden soll μ_j für die Koordinaten des j-ten Centroiden stehen. Die Variable i soll den Index des Centroiden darstellen, welcher sich am nächsten zum i-ten Datenpunkt befindet. Die Variable D soll die Menge der Eingabedaten darstellen und D_i die Anzahl der Daten deren nächster Centroide μ_i ist. Es gelte $R = |D|$ und $R_i = |D_i|$. Die Anzahl der Dimensionen soll von M repräsentiert werden.[15]

3.3 Modellerstellung und –bewertung

Der Algorithmus bedient sich eines iterativen Prozesses folgender Schritte:

1. Improve-Params
2. Improve-Structure

Diese zwei Schritte werden so lange wiederholt bis die Anzahl der Cluster k die obere Grenze erreicht.[16]

Die Improve-Params Operation entspricht trivialer Weise der Ausführung eines herkömmlichen k-mean Verfahrens, wie es weiter oben schon beschrieben wurde.

Der zweite Schritt Improve-Structure untersucht ob und wenn ja wo neue Centroiden durch Splitting gebildet werden sollten. Dazu werden einige Clusterzentren derart geteilt, dass es zur Herausbildung zweier neuer Cluster kommt. Das Problem, welche

---

[13] Bayesian Information Criterion bzw. Akaike Information Criterion, im Folgenden wird BIC verwendet.

[14] Vgl. Stöttinger (2004): Kombiniertes Data Mining. Effiziente Generierung von Hilfsinformationen während des Data Mining, S. 46, 47

[15] Vgl. Pelleg, Moore (2000): X-Means: Extending K-means with Efficient Estimation of the Number of Cluster

[16] Wenn also gilt: k > k$_{mas}$

dieser Centroiden geteilt werde sollten, wird zuerst an zwei grundsätzlichen Ideen erläutert und danach an einem Beispiel erklärt.[17]

Die erste Idee besteht darin zufällig einen Centroiden auszuwählen und einen neuen in der Nähe des Ausgewählten zu erstellen. Danach wird ein Durchlauf mit k-means gestartet und geprüft, ob das resultierende Modell eine bessere Bewertungspunktzahl erzielen kann. Wenn das so ist wird der neue Centroid angenommen, sonst wird das Ausgangsmodell bevorzugt. Dies wirft jedoch die Frage auf, welcher Klassenmittelpunkt es am ehesten verdient „geboren" zu werden. Und im Falle keiner Verbesserung der Punktzahl wird das Problem aufgeworfen wie weiter zu verfahren ist. Die Lösung kann auch nicht darin bestehen einfach alle Klassenzentren auf diese Weise zu testen um dann das beste Modell auszuwählen, da dies eine sehr aufwendige und langwierige Prozedur wäre um auch nur einen Cluster hinzuzufügen.[18]

Die zweite Überlegung sucht nach heuristischen Verfahren, beispielsweise die Hälfte aller Clusterzentren heraus, je nachdem wie viel versprechend es wäre sie zu splitten. Diese werden dann geteilt und nach einem Durchlauf von k-means wird überprüft, ob das Modell besser punkten kann als die Ausgangssituation. Diese Idee ist im Gegensatz zum ersten Ansatz schneller, wirft aber wiederum die Überlegung auf nach welchem heuristischen Kriterium die Centroide zur Teilung ausgesucht werden sollen. Und was passiert in jenen Fällen, wenn es nur sinnvoll wäre einen oder zwei Centroide zu splitten?[19]

Die Lösung, welche der x-means Algorithmus vorschlägt soll nun an einem Beispiel verdeutlicht werden.

In Abbildung 5 ist eine k-means Lösung für drei Cluster dargestellt. Die spezifischen Centroide sind rot eingetragen. Außerdem sind zusätzlich die Grenzen der Klassen abgetragen innerhalb derer die Punkte zum jeweiligen Klassenzentrum gehören. Nun

---

[17] Vgl. Pelleg, Moore (2000): X-Means: Extending K-means with Efficient Estimation of the Number of Clusters

[18] Vgl. Pelleg, Moore (2000): X-Means: Extending K-means with Efficient Estimation of the Number of Clusters

[19] Vgl. Pelleg, Moore (2000): X-Means: Extending K-means with Efficient Estimation of the Number of Cluster

6

beginnt der Improve Structure Prozess mit der Teilung jedes der drei Klassenzentren in zwei „Söhne", wie in Abbildung 6 veranschaulicht wurde. Diese Söhne werden jeweils proportional zur Größe des Bereichs ihres „Vaters"[20] entlang eines zufälligen Vektors in entgegen gesetzten Richtungen platziert.[21]

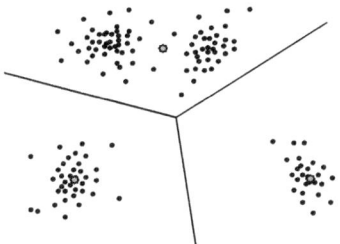

Abbildung 5: k-means für k=3   **Abbildung 6: Split der Väter in zwei Söhne**

Als nächstes wird, wie in den Abbildungen 7 und 8 ersichtlich ist, in jeder der drei ursprünglichen Regionen ein lokales k-means-Clustering für jeweils *k=2* durchgeführt, was zur Folge hat, das die „Söhne" lokal in ihrer „Vaterregion" gegeneinander um die Punkte „kämpfen".[22]

BIC(k=1)=2535
BIC(k=2)=3268

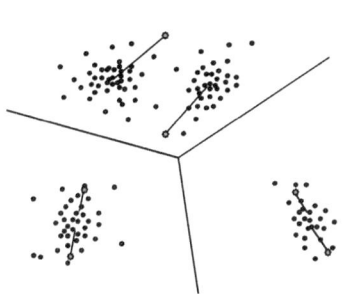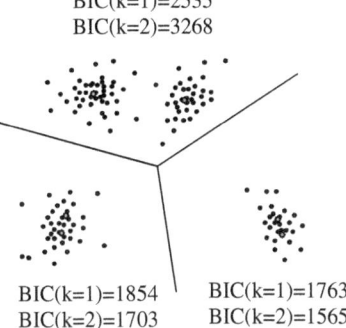

BIC(k=1)=1854   BIC(k=1)=1763
BIC(k=2)=1703   BIC(k=2)=1565

Abbildung 7: Erster Schritt von 2-means   **Abbildung 8: Endposition der Centriode**

---

[20] Gemeint ist hier der ursprüngliche Centroid

[21]Vgl. Pelleg, Moore (2000): X-Means: Extending K-means with Efficient Estimation of the Number of Clusters sowie Stöttinger (2004): Kombiniertes Data Mining. Effiziente Generierung von Hilfsinformationen während des Data Mining, S. 46-48

[22] Vgl. Stöttinger (2004): Kombiniertes Data Mining. Effiziente Generierung von Hilfsinformationen während des Data Mining, S. 46-48

7

Nun kommt es für jedes Paar von Söhnen zu einem „Scoring" durch ein Bewertungsverfahren.[23] Bewertet wird ob entweder der Vater oder die beiden Söhne die Punktemengen realer repräsentieren. Abhängig von diesem Testergebnis werden entweder Vater oder die beiden Söhne als Centroide verworfen. Der Hintergedanke dieses Verfahrens ist es, dass Punktmengen die schlecht durch ihre Klassenzentren dargestellt werden durch, deren Teilung besser repräsentiert werden können. Andererseits sollen jene Centroide, welche ihre Punktmengen gut repräsentieren beibehalten werden. In Abbildung 9 wird das Ergebnis des auf Abbildung 8 angewandten Verfahrens dargestellt.

Die oben beschriebenen zwei Schritte Improve-Params bzw. Improve-Structure werden nun so lange abwechselnd wiederholt, bis die obere Grenze des angegebenen Bereichs für k erreicht wird. Danach wird das beste Modell ausgegeben.[24]

Abbildung 9: Endszenario

3.4 Das BIC-Bewertungskriterium

Angenommen sei nun man hätte eine Grundgesamtheit D an zu clusternden Daten, sowie verschiedene Modelle M_j mit unterschiedlichen Werten für k gegeben. Welches Modell soll nun als das beste angesehen werden? Dazu wird die so genannte posterior probability $Pr[M_j|D]$ verwendet, durch welche die unterschiedlichen Modelle bewertet werden. Um sich der richtigen Wahrscheinlichkeit zu nähern wird folgende Formel verwendet:

$$BIC(M_j) = \hat{l}_j(D) - \frac{p_j}{2} \cdot \log R$$

Hier entspricht $\hat{l}_j(D)$ der Logarithmuswahrscheinlichkeit entsprechend der Daten des j-ten Modells angenähert zu dem Punkt mit der maximalen Wahrscheinlichkeit. Die Anzahl der Parameter in M_j wird durch p_j widergespiegelt.

[23] Hier wird als Bewertungsverfahren BIC verwendet
[24] Vgl. Pelleg, Moore (2000): X-Means: Extending K-means with Efficient Estimation of the Number of Clusters, S. 4

Die maximale Wahrscheinlichkeitsabschätzung (MLE) der Varianz unter dem identischen kugelförmigen Gaußschen Aufbau der Datenpunkte ergibt sich aus:

$$\hat{\sigma}^2 = \frac{1}{R-K} \cdot \sum_i (x_i - \mu_{(i)})^2$$

Die einzelnen Punktwahrscheinlichkeiten ergeben sich durch:

$$\hat{P}(x_i) = \frac{R_i}{R} \cdot \frac{1}{\sqrt{2\pi}\sigma^M} \exp\left(-\frac{1}{2\hat{\sigma}^2}\|x_i - \mu_{(i)}\|^2\right)$$

Die Logarithmuswahrscheinlichkeit der Daten lässt sich berechnen aus:

$$l(D) = \log \Pi_i P(x_i) = \sum_i \left(\log \frac{1}{\sqrt{2\mu}\sigma^M} - \frac{1}{2\sigma^2}\|x_i - \mu_i\|^2 + \log \frac{R_{(i)}}{R} \right)$$

Wenn nun unter der Annahme $1 \le n \le K$ nur diejenigen Punkte D_n betrachtet werden welche der Centroid n repräsentiert ergibt sich die MLE folgendermaßen:

$$\hat{l}(D_n) = -\frac{R_n}{2}\log(2\pi) - \frac{R_n \cdot M}{2}\log(\hat{\sigma}^2) - \frac{R_n - K}{2} + R_n \log R_n - R_n \log R$$

Die Anzahl freier Parameter p_j ergibt sich aus den aufsummierten $K-1$ Klassenwahrscheinlichkeiten, $M \cdot K$ Centroidenkoordinaten sowie einer Varianzabschätzung. Um diese Formel auf alle Centroiden anstelle von nur einem anwenden zu können wird die Tatsache verwendet, dass die log-likelihood aller Punkte welche zu allen Centroiden gehören der Summe der log-Wahrscheinlichkeit der einzelnen Centroide entspricht. Zusätzlich wird noch obiges R durch die Anzahl der Punkte ersetzt, welche zu den betrachteten Centroiden gehören.[25]

Diese BIC-Formel wird einerseits zur Auswahl des besten Models, andererseits auch zum lokalen Splitentscheid verwendet.[26]

3.5 Verbesserung der Geschwindigkeit

Um auch große Mengen an Daten in angemessener Zeit verarbeiten zu können muss die Geschwindigkeit des x-mean Algorithmus verbessert werden. Dazu wird versucht die beiden Schritte Improve-Param bzw. Improve-Structure zu beschleunigen.

---

[25] Vgl. Pelleg, Moore (2000): X-Means: Extending K-means with Efficient Estimation of the Number of Clusters, S. 4

[26] Vgl. Pelleg, Moore (2000): X-Means: Extending K-means with Efficient Estimation of the Number of Clusters, S. 4

Das Problem der hohen Rechenintensität bei unterschiedlicher Anzahl der Cluster K wird gelöst indem der Datensatz in einen multiresolutionalen kd-tree[27] eingebettet wird. An den Knoten des Baumes werden dann verschiedene Werte gespeichert was die Berechnungen erheblich beschleunigt. Zusätzlich wird durch ein weiteres Verfahren, welches als Blacklisting bezeichnet wird und einen zentralen Baustein des x-mean Algorithmus darstellt, gewährleistet, dass nur jene Centroide beachtet werden, die für die jeweilige Region auch ein Rolle spielen. Nach jedem Durchlauf von k-means wird durch das Blacklistingverfahren geprüft ob bestimmte Clusterzentren einer Region gesplittet werden sollten oder nicht.[28]

Jeder kd-Knoten repräsentiert eine Punkteschar der Daten und beinhaltet in einer umzäunten Region, der so genannten „bounding box", solche Punkte, welche alle zu einem Centroiden gehören. Anstelle jeden einzelnen Punkt auf Zugehörigkeit zu einem Centroiden zu prüfen reicht es aus dies für die einzelnen Knoten des Baumes zu tun. Dieser Sachverhalt zusammen mit der Speicherung spezifischer statistischer Daten in jedem Knoten verringert die Anzahl erforderlicher k-means Anfragen und steigert damit die Gesamtperformance erheblich.[29]

3.5.1 Beschleunigung des k-means-Algorithmus

Zuerst muss für jeden Datenpunkt festgestellt werden zu welchem Centroiden er gehört. Danach kann aus den Punkten, welche ein Centroid repräsentiert, dessen neue Position berechnet werden. Es leuchtet ein, dass es ebenso aufschlussreich ist einen einzigen Punkt eines bestehenden Centroiden zu betrachten, wie die gesamte Punkteschar desselben, wenn ausreichende statistische Daten für die Punkteschar vorliegen.[30] Nun wird für jeden Klassenmittelpunkt ein Zähler eingeführt, der neben der Anzahl der zum Centroiden gehörigen Punkte auch die Summe ihrer Vektoren speichert. Durch die rekursive Update Procedure werden alle Zähler mit nur einem Durchlauf des kd-Baums

---

[27] Zur weiteren Vertiefung Vgl. Pelleg, Moore (1999): Accelerating Exact k-means Algorithms with Geometric Reasoning

[28] Vgl. Pelleg, Moore (2000): X-Means: Extending K-means with Efficient Estimation of the Number of Clusters, S. 1

[29] Vgl. Pelleg, Moore (1999): Accelerating Exact k-means Algorithms with Geometric Reasoning S. 2

[30] Unter ausreichenden Daten versteht man hier die Anzahl der Punkte sowie die Summe ihrer Vektoren.

aktualisiert. Dieser Update Procedure wird neben einem Knoten auch eine Liste der Centroiden, zu welchen die Punkte des Knotens gehören, als Parameter übergeben. Die Aufgabe der Prozedur liegt darin die Zähler der Knoten mit den dazugehörigen Werten zu aktualisieren. Die Prozedur beginnt im Wurzelknoten des Baumes mit einer Liste aller Centroiden. Nach dem Durchlauf kann die neue Lage der Centroiden über die Zähler berechnet werden. Wenn Centroide keine Punkte im aktuellen Knoten besitzen, können sie aus der Liste dieses Knotens gestrichen werden. Danach fährt die Update Procedure bei den Kindern des aktuellen Knotens fort. Falls nun die Liste nur noch einen Centroiden beinhalten sollte, werden die Zähler der Klassenzentren durch die im Knoten des Baumes gespeicherten Daten geändert, was oft im oberen Bereich des Baumes geschieht. Demzufolge entfällt der Aufwand die Nachfolgen des Centroiden zu durchlaufen.[31]

3.5.2 Beschleunigung des Improve-Structure Schrittes

Um den Improve-Structure Schritt zu beschleunigen wird ebenfalls obiges Verfahren angewandt. Da in diesem Schritt in jeder Region ein 2-means-Clustering durchgeführt wird, geht man folgendermaßen vor. Als Input für die Update Procedure dient eine Liste der Vatercentroiden. Wenn jetzt nur noch ein Centroid in der Liste steht signalisiert die Prozedur, hier im Gegensatz zum oben beschriebenen Verfahren, dass alle Punkte im aktuellen Knoten zu diesem Centroiden gehören. Nun werden diese Punkte auf die zwei Söhnen aufgeteilt. Nach einem Durchlauf des Baumes besitzen die Zähler der zwei Söhne nun ihre finalen Werte und die neuen Positionen können berechnet werden. Dieser Vorgang wird so lange wiederholt, bis sich auch das letzte Klassenzentrenpaar eingependelt hat.

3.5.3 Ergänzende Beschleunigung

Während einige Regionen der Datenmenge sehr aktiv sind[32] scheinen andere quasi zu schlafen. Indem die vergangenen Erfahrungen verschiedener Regionen gespeichert werden, können diese Erkenntnisse auch auf gegenwärtige Entscheidungen angewandt

---

[31] Vgl. Pelleg, Moore (2000): X-Means: Extending K-means with Efficient Estimation of the Number of Clusters, S. 5 sowie zur weiteren Vertiefung Pelleg, Moore (1999): Accelerating Exact k-means Algorithms with Geometric Reasoning

[32] Dort finden viele Splittings und Verschiebungen der Centroide statt.

werden. Wenn sich also innerhalb eines Knotens nichts mehr ändert, ist es auch nicht nötig den Knoten wieder und wieder zu durchlaufen. Zusätzlich wird, um vergangene und jetzige Centroidenpositionen schneller vergleichen zu können, eine writeonce Speicherstruktur festgelegt, die es nach einer initialen Belegung nicht mehr zulässt andere Koordinaten im gleichen Element zu speichern. Im Falle eines Positionswechsels muss ein neues eindeutiges Element zur Speicherung eingeführt werden. Die Daten der alten Centroiden können dann aus Effizienzgründen gelöscht werden. Eine Erweiterung dieser Idee speichert die Kinder eines Centroiden, auch wenn diese sich nach BIC nicht durchgesetzt haben. Diese werden dann wie „Zombies" behandelt und können in der nächsten lokalen Iteration wieder auferstehen.[33]

4 Experimentelle Ergebnisse

Bei beiden Verfahren wird die Verzerrung der Ergebnisse verglichen. Während man k-means die reale Anzahl an Klassen K vorgibt, muss der x-means Algorithmus diese selbstständig aus dem Bereich $[2...K]$ ermitteln. Wie in Abbildung 10 deutlich zu sehen ist, besitzen die Lösungen des x-means Verfahrens eine geringere Abweichung und somit eine höhere Qualität. Dieses Ergebnis ergibt sich aus der Tatsache, dass x-means stufenweise dort neue Klassenmittelpunkte einführt, wo sie benötigt werden. Im Gegensatz dazu werden beim k-means Verfahren die Initialcentroide einmalig gesetzt.[34]

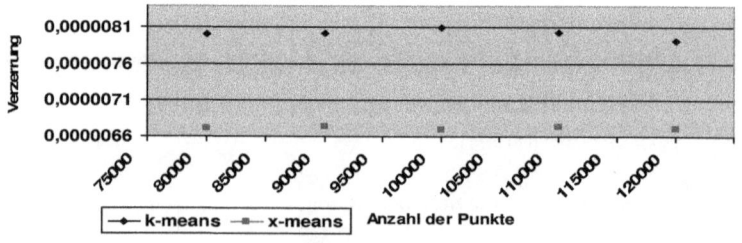

Abbildung 10: Durchschnittliche Verzerrung pro Punkt von x-means und k-means im Vergleich

---

[33] Vgl. Pelleg, Moore (2000): X-Means: Extending K-means with Efficient Estimation of the Number of Clusters

[34] Vgl. Pelleg, Moore (2000): X-Means: Extending K-means with Efficient Estimation of the Number of Clusters

Um zu untersuchen wie gut x-means die korrekte Anzahl an Clustern herausfinden kann, wird der Algorithmus gegen eine Variante von k-means getestet. Diese Variante belegt K mit verschiedenen Werten und gibt dann diejenige Konfiguration aus, die nach BIC die höchste Punktzahl erreicht hat. Für K werden 20 distanzäquivalente Werte, wobei $2k$ die obere Grenze darstellt, vereinbart. Als zulässiger Bereich für x-means wird *[2...2K]* vorgegeben. Die Ergebnisse zeigen, dass x-means die richtige Klassenanzahl mit einer Abweichung von 15% liefert. Das k-means Verfahren liefert hier mit durchschnittlich 6% Abweichung bessere Resultate. Aus den Ergebnissen zeigt sich, dass k-means dazu tendiert die Klassenanzahl zu überschätzen und mit zunehmender Anzahl an Datensätzen R überproportional mehr Klassen findet. X-means hingegen unterschätzt die Clusteranzahl und ist indifferent gegenüber R.

Was wiederum die Performance anbelangt zeigt sich, dass x-means viel schneller als k-means ist. Gerade bei großen Datensätzen rechnet der Algorithmus doppelt so schnell wie das k-means Verfahren, wobei es sich hierbei um einen k-means Algorithmus handelt der bereits beschleunigt wurde.[35] Verglichen mit der naiven Variante des k-means Algorithmus ist x-means, angewendet auf große Datensätze, um ein vielfaches schneller und qualitativ besser als sein Gegenüber.[36]

Wie Abbildung 11 deutlich zeigt spielt X-means seinen Geschwindigkeitsvorteil umso mehr aus, je größer die Anzahl von Punkten im Datensatz ist.

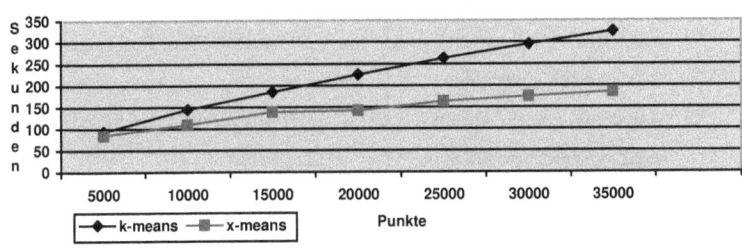

Abbildung 11: Durchschnittliche Run-time von x-means und k-means bei 3 Dimensionen und 250 Klassen an 233-Mhz Pentium 2

---

[35] Vgl. Pelleg, Moore (1999): Accelerating Exact k-means Algorithms with Geometric Reasoning

[36] Vgl. Pelleg, Moore (2000): X-Means: Extending K-means with Efficient Estimation of the Number of Clusters

5 Zusammenfassung und Ausblick

Es wurde ein auf k-means basierter Algorithmus durch Übernahme zusätzlicher und Erweiterung seiner eigenen Eigenschaften entwickelt. Das so entstandene Verfahren x-means ist außerdem in der Lage die Anzahl der Centroide und somit auch der Cluster zu schätzen. Die Verfahren dazu beruhen auf statistischen Kriterien um die posterior Wahrscheinlichkeiten zu maximieren. Verschiedene Experimente, sowohl an synthetischen als auch realen Daten haben gezeigt, dass die Methode schneller und auch qualitativ besser als k-means ist.[37]

Als Entscheidungskriterium sowohl für die lokalen Splitentscheidungen als auch für die Auswahl des besten Modells, wurde das „Bayesian Information Criterion" verwendet. Es können aber auch, je nach Aufgabenstellung, andere Kriterien wie das AIC[38] oder MDL[39] verwendet werden.[40]

Durch diesen schnellen Algorithmus wird es möglich Millionen von Datenpunkten und Tausende von Klassen innerhalb weniger Stunden statistisch zu untersuchen. Gerade in den Bereichen der Astrophysik oder Gensequenzierung können somit Daten untersucht werden die größer sind als jemals zuvor.

Nach Meinung des Autors ist die Entwicklung des x-means Algorithmus ein großer Schritt in der Datenanalyse und schafft die Vorraussetzungen zur Entstehung noch schnellerer[41] und besserer Algorithmen, die noch größere Datenmengen in noch kürzerer Zeit verarbeiten können. Einsatzgebiete gibt es, neben den schon oben genannten massenhaft, wenn man nur an Wettervorhersagen, Katastrophenszenarien oder vergleichbare hochkomplexe Vorgänge denkt.

---

[37] Vgl. Pelleg, Moore (2000): X-Means: Extending K-means with Efficient Estimation of the Number of Clusters, S. 8

[38] Akaike Information Criterion bzw. Minimum Description Length

[39] Minimum Description Length, Vgl. Bischof, Leonardis, Selb (1999): MDL principle for robust vector quantisation. Pattern analysis and applications, S. 59-72

[40] Vgl. Pelleg, Moore (2000): X-Means: Extending K-means with Efficient Estimation of the Number of Clusters

[41] zum Beispiel G-means, Vgl. Hamerly, Elkan (2003): Learning the k in k-means

14

Literaturverzeichnis

1. *Hippner, Hajo/Wilde, Klaus D.*: IT-Systeme im CRM. Aufbau und Potentiale (1. Auflage Februar 2004)

2. *Martin, Wolfgang*: Data Warehousing. Data Mining. Olap (1. Auflage 1998)

3. *Hippner, Hajo/Kürsten/Meyer/Wilde Klaus D.*: Handbuch Datamining im Marketing (1. Auflage 2001)

4. *Ester, Martin/Sanders, Jörg*: Knowledge Discovery in Databases. Techniken und Anwendungen (1. Auflage 2000)

5. *Pelleg, Dan/Moore, Andrew*: X-Means: Extending K-means with Efficient Estimation of the Number of Clusters. School of Computer Science, Carnegie Mellon University, Pittsburgh. (2000), Online im Internet URL: http://www.cs.cmu.edu/~dpelleg/kmeans.html, Abfrage 02.04.2006

6. *Pelleg, Dan/Moore, Andrew*: Accelerating Exact k-means Algorithms with Geometric Reasoning. School of Computer Science, Carnegie Mellon University, Pittsburgh. (1999), Online im Internet URL: http://www.cs.cmu.edu/~dpelleg/kmeans.html, Abfrage 02.04.2006

7. *Bischof/Leonardis/Selb*: MDL principle for robust vector quantisation. Pattern analysis and applications (1999)

8. *Hamerly/Elkan*: Learning the k in k-means (2003)

9. *Stöttinger, Klaus*: Kombiniertes Data Mining. Effiziente Generierung von Hilfsinformationen während des Data Mining., Diplomarbeit, Johannes Kepler Universität Linz, 2004, Online im Internet URL:http://www.dke.jku.at/research/publications/MT0403.pdf, [Stand 10.05.2004] Abfrage 02.04.2006

X-Means: Extending K-means with Efficient Estimation of the Number of Cluster

Zusammenfassung:

Aufbauend auf k-means greift der x-means Algorithmus die drei hauptsächlichen Probleme[1] von k-means auf und versucht diese zu umgehen bzw. zu beheben. Dabei wird vom Benutzer im Gegensatz zu k-means nicht die Angabe einer Klassenanzahl k gefordert, sondern lediglich ein Bereich in welchem die optimale Klassenanzahl wahrscheinlich liegen wird.[2]

Nun werden ausgehend von der unteren Grenze des angegebenen Bereiches kontinuierlich neue Centroide hinzugefügt. Dies geschieht indem die alten „Vatercentroide" auf gespalten werden. Aus jedem Vater werden auf diese Weise zwei „Söhnecentroide" erstellt. Ob Vater- oder Söhnecentroide beibehalten werden wird auf Grundlage einer Punktbewertung mittels BIC ermittelt. Je nachdem wessen Punktzahl höher ausfällt, werden entweder die Söhne oder der Vater als Klassenmittelpunkte verworfen. Danach wird grundsätzlich jenes Gesamtmodell ausgegeben welches nach einem Bewertungskriterium[3] die höchste Punktzahl erreicht hat.

Der x-means Algorithmus besteht grundsätzlich aus zwei Schritten:[4]
1. Improve Params
2. Improve Structure

Der erste Schritt entspricht einem herkömmlichen k-means Durchlauf. Der zweite Schritt ermittelt, welche Centroide gesplittet werden müssen um das Ergebnis zu verbessern.

Auf dieser Basis und unter Einbeziehung eines kd-tree, welcher die Durchläufe der k-means Iterationen erheblich beschleunigt, werden sowohl die optimale Anzahl der Cluster wie auch die Cluster als solche ausgegeben.[5]

Dadurch wird es möglich viel größere Datenmengen in viel kürzerer Zeit zu analysieren.[6]

---

[1] Zu langsam, konvergiert gegen lok. Min., Anzahl der zu bildenden Cluster muss angegeben werden. Siehe 2.4

[2] siehe 3.1

[3] Hier wird immer BIC verwendet. Siehe dazu 3.4

[4] siehe 3.3

[5] siehe 3.5, 3.5.1, 3.5.2, 3.5.3

[6] siehe 5

Roy Skodowski